AF189155

Birds of Kuba

fotolulu Taschenbuch VII

Inklusive Checkliste der 373 Vögel auf Kuba

Impressum

Bibliografische Information der Deutschen Nationalbibliothek:
Die Deutsche Nationalbibliothek verzeichnet diese Publikation in der
Deutschen Nationalbibliografie;
detaillierte bibliografische Daten sind im Internet über www.dnb.de abrufbar.

Herstellung und Verlag:
BoD – Books on Demand, Norderstedt

1 Auflage
© 2017 fotolulu
Fotos & Text: fotolulu · www.fotolulu.de

ISBN: 9783744820943

Kuba ist unbestritten eine „Perle in der Karibik" und für jeden Fotografen ein unvergessliches Erlebnis.

In diesem Bildband möchte ich Sie auf eine kleine Fotosafari mitnehmen.

Lassen auch Sie sich von der Farbenpracht des Kubatrongos, dem kleinsten Vogel der Welt, der Bienenelfe und weiteren 97 Vogelarten verzaubern.

Das Buch wird ergänzt mit einer kompletten Checkliste der 373 Vogelarten auf Kuba - deutsch, latein & englisch.

Ihr fotolulu

Amerikanischer Goldregenpfeifer (Pluvialis dominica)

Antillen-Sperlingstäubchen (Columbina passerina insularis)

Antillenteichhuhn (Gallinula galeata cerceris)

Aztekenmöwe (Larus atricilla)

Azurbischof (Guiraca caerulea)

Bahamas Buntfalke (Falco sparverius sparveroides)

Bahamaspecht (Melanerpes superciliaris)

Bienenelfe (Mellisuga helenae)

Blaumückenfänger (Polioptila caerulea)

Blaureiher (Egretta caerulea)

Blutfleckspecht (Xiphidiopicus percussus)

Brauenwaldsänger (Vermivora peregrina)

Braunpelikan (Pelecanus occidentalis)

Coues Blaurücken-Waldsänger (Setophaga caerulescens cairnsi)

Cuba-Streifenkopftangare (Spindalis zena pretrei)

Dreifarbenreiher (Egretta tricolor)

Drosselwaldsänger (Parkesia noveboracensis)

Eidechsenkuckuck (Saurothera merlini)

Einsamer Wasserläufer (Tringa solitaria)

Gelbbauch-Saftlecker (Sphyrapicus varius)

Gelbkehlvireo (Vireo flavifrons)

Gelbkopf-Waldsänger (Teretistris fernandinae)

Glattschnabelani (Crotophaga ani)

Goldbraue (Tiaris olivacea)

Goldkehl-Waldsänger (Dendroica dominica)

Großer Gelbschenkel (Tringa melanoleuca)

Großer Gundlach-Vireo (Vireo gundlachii magnus)

Grünreiher (Butorides striatus virescens)

Grünwaldsänger (Dendroica virens)

Gürtelfischer (Ceryle alcyon)

Gundlach-Taube (Geotrygon caniceps)

Haussperling (Passer domesticus)

Helmperlhuhn (Numida melegaris)

Hemlock-Waldsänger (Dendroica magnolia)

Hudsonschnepfe (Limosa haemastica)

Kappenwaldsänger (Dendroica striata)

Karibenbläßhuhn (Fulica caribaea)

Karibik Kanadareiher (Ardea herodias occidentalis)

Karibik Spottdrossel (Mimus polyglottos orpheus)

Karibische Antillengrackel (Quiscalus niger caribaeus)

Karibische Klapperralle (Rallus longirostris caribaeus)

Katzendrossel (Dumetella carolinensis)

Keilschwanz-Regenpfeifer (Charadrius vociferus)

Kiefernwaldsänger (Dendroica pinus)

Kleiner Gelbschenkel (Tringa flavipes)

Kleiner Kubafink (Tiaris canora)

Kletterwaldsänger (Mniotilta varia)

Königsseeschwalbe (Thalasseus maximus)

Kuba-Goldspecht (Colaptes auratus chrysocaulosus)

Kuba-Rotschulterstärling (Agelaius assimilis)

Kuba-Schleiereule (Tyto alba niveicauda)

Kubaamazone (Amazona leucocephala)

Kubablatthühnchen (Jacana spinosa violacea)

Kubakauz (Glaucidium siju)

Kubakrähe (Corvus nasicus)

Kubamückenfänger (Polioptila lembeyei)

Kubanischer Krabbenbussard (Buteogallus gundlachii)

Kubanischer Lerchenstärling (Sturnella magna hippocrepis)

Kubaschnäppertyrann (Contopus caribaeus)

Kubaschopftyrann (Myiarchus sagrae)

Kubasmaragdkolibri (Chlorostilbon ricordii)

Kubaspecht (Colaptes fernandinae)

Kubastärling (Dives atroviolacea)

Kubatrogon (Priotelus temnurus)

Kubatrupial (Icterus melanopsis)

Kuhreiher (Bubulcus ibis)

Liebestaube (Zenaida aurita)

Lincoln-Ammer (Melospiza lincolnii)

Morgentaube (Zenaida macroura)

Nashornpelikan (Pelecanus erythrorhynchos)

Olivenscharbe (Phalacrocorax brasilianus)

Olivgrauer Königstyrann (Tyrannus caudifasciatus)

Pines-Rotfußdrossel (Turdus plumbeus rubripes)

Rallenkranich (Aramus guarauna)

Raubseeschwalbe (Hydroprogna caspia)

Ridgway-Fischadler (Pandion haliaetus ridgwayi)

Riesenkönigstyrann (Tyrannus cubensis)

Rötelreiher (Egretta rufescens)

Rosa Flamingo (Phoenicopterus ruber)

Rosalöffler (Ajaja ajaja)

Rostscheitel-Waldsänger (Dendroica discolor)

Sandstrandläufer (Calidris pusilla)

Schmuckreiher (Egretta thula)

Schnäpperwaldsänger (Setophaga ruticilla)

Schneesichler (Eudocimus albus)

Schwarzgimpelfink (Melopyrrha nigra)

Silberreiher (Egretta alba)

Sommertangare (Piranga rubra)

Stelzenwaldsänger (Seiurus motacilla)

Sumpfwaldsänger (Dendroica palmarum)

Truthahngeier (Cathartes aura)

Truthuhn (Meleagris gallopavo)

Türkentaube (Streptopelia decaocto)

Türkisnaschvogel (Cyanerpes cyaneus)

Veilchenente (Aythya affinis)

Vielfarbentodi (Todus multicolor)

Weißscheiteltaube (Columba leucocephala)

Zapataammer (Torreornis inexpectata)

Zwergsultanshuhn (Gallinula martinica)

Checkliste

Land oder Region: Kuba
Anzahl von Spezies : 373
Anzahl von Endemischen : 25

Anatidae

Witwenpfeifgans	Dendrocygna viduata	White-faced Whistling-Duck
Rotschnabel-Pfeifgans	Dendrocygna autumnalis	Black-bellied Whistling-Duck
Kubapfeifgans	Dendrocygna arborea	West Indian Whistling-Duck
Gelbbrust-Pfeifgans	Dendrocygna bicolor	Fulvous Whistling-Duck
Bläßgans	Anser albifrons	Greater White-fronted Goose
Schneegans	Chen caerulescens	Snow Goose
Kanadagans	Branta canadensis	Canada Goose
Zwergschwan	Cygnus columbianus	Tundra Swan
Moschusente	Cairina moschata	Muscovy Duck
Brautente	Aix sponsa	Wood Duck
Schnatterente	Anas strepera	Gadwall
Pfeifente	Anas penelope	Eurasian Wigeon
Kanadapfeifente	Anas americana	American Wigeon
Stockente	Anas platyrhynchos	Mallard
Blauflügelente	Anas discors	Blue-winged Teal
Zimtente	Anas cyanoptera	Cinnamon Teal
Löffelente	Anas clypeata	Northern Shoveler
Bahamaente	Anas bahamensis	White-cheeked Pintail
Spießente	Anas acuta	Northern Pintail
Krickente	Anas crecca	Green-winged Teal
Riesentafelente	Aythya valisineria	Canvasback
Rotkopfente	Aythya americana	Redhead
Ringschnabelente	Aythya collaris	Ring-necked Duck
Bergente	Aythya marila	Greater Scaup
Kanadabergente	Aythya affinis	Lesser Scaup
Samtente	Melanitta fusca	White-winged Scoter
Büffelkopfente	Bucephala albeola	Bufflehead
Kappensäger	Lophodytes cucullatus	Hooded Merganser
Mittelsäger	Mergus serrator	Red-breasted Merganser
Maskenruderente	Nomonyx dominicus	Masked Duck
Schwarzkopf-Ruderente	Oxyura jamaicensis	Ruddy Duck

Numididae

Helmperlhuhn	Numida meleagris	Helmeted Guineafowl

Odontophoridae

Virginiawachtel   Colinus virginianus   Northern Bobwhite

Phasianidae

Fasan   Phasianus colchicus   Ring-necked Pheasant

Gaviidae

Eistaucher   Gavia immer   Common Loon

Podicipedidae

Schwarzkopf-Zwergtaucher   Tachybaptus dominicus   Least Grebe
Bindentaucher   Podilymbus podiceps   Pied-billed Grebe

Phoenicopteridae

Kubaflamingo   Phoenicopterus ruber   American Flamingo

Procellariidae

Teufelssturmvogel   Pterodroma hasitata   Black-capped Petrel
Gelbschnabelsturmtaucher   Calonectris diomedea   Cory's Shearwater
Dunkler Sturmtaucher   Ardenna grisea   Sooty Shearwater
Audubonsturmtaucher   Puffinus lherminieri   Audubon's Shearwater

Hydrobatidae

Buntfuß-Sturmschwalbe   Oceanites oceanicus   Wilson's Storm-Petrel
Wellenläufer   Oceanodroma leucorhoa   Leach's Storm-Petrel
Madeirawellenläufer   Oceanodroma castro   Band-rumped Storm-Petrel

Phaethontidae

Weißschwanz-Tropikvogel   Phaethon lepturus   White-tailed Tropicbird
Rotschnabel-Tropikvogel   Phaethon aethereus   Red-billed Tropicbird

Ciconiidae

Waldstorch   Mycteria americana   Wood Stork

Fregatidae

Prachtfregattvogel   Fregata magnificens   Magnificent Frigatebird

Sulidae

Maskentölpel   Sula dactylatra   Masked Booby
Weißbauchtölpel   Sula leucogaster   Brown Booby
Rotfußtölpel   Sula sula   Red-footed Booby

| Basstölpel | Morus bassanus | Northern Gannet |

Phalacrocoracidae
| Olivenscharbe | Phalacrocorax brasilianus | Neotropic Cormorant |
| Ohrenscharbe | Phalacrocorax auritus | Double-crested Cormorant |

Anhingidae
| Amerikanischer Schlangenhalsvogel | Anhinga anhinga | Anhinga |

Pelecanidae
| Nashornpelikan | Pelecanus erythrorhynchos | American White Pelican |
| Braunpelikan | Pelecanus occidentalis | Brown Pelican |

Ardeidae
Nordamerikanische Rohrdommel	Botaurus lentiginosus	American Bittern
Amerikanische Zwergdommel	Ixobrychus exilis	Least Bittern
Kanadareiher	Ardea herodias	Great Blue Heron
Silberreiher	Ardea alba	Great Egret
Schmuckreiher	Egretta thula	Snowy Egret
Blaureiher	Egretta caerulea	Little Blue Heron
Dreifarbenreiher	Egretta tricolor	Tricolored Heron
Rötelreiher	Egretta rufescens	Reddish Egret
Kuhreiher	Bubulcus ibis	Cattle Egret
Grünreiher	Butorides virescens	Green Heron
Nachtreiher	Nycticorax nycticorax	Black-crowned Night-Heron
Krabbenreiher	Nyctanassa violacea	Yellow-crowned Night-Heron

Threskiornithidae
Schneesichler	Eudocimus albus	White Ibis
Scharlachsichler	Eudocimus ruber	Scarlet Ibis
Sichler	Plegadis falcinellus	Glossy Ibis
Rosalöffler	Platalea ajaja	Roseate Spoonbill

Cathartidae
| Rabengeier | Coragyps atratus | Black Vulture |
| Truthahngeier | Cathartes aura | Turkey Vulture |

Pandionidae
| Fischadler | Pandion haliaetus | Osprey |

Accipitridae

Langschnabelweih	Chondrohierax uncinatus	Hook-billed Kite
Schwalbenweih	Elanoides forficatus	Swallow-tailed Kite
Schneckenweih	Rostrhamus sociabilis	Snail Kite
Mississippiweih	Ictinia mississippiensis	Mississippi Kite
Kornweihe	Circus cyaneus	Northern Harrier
Eckschwanzsperber	Accipiter striatus	Sharp-shinned Hawk
Gundlachsperber	Accipiter gundlachi	Gundlach's Hawk
Weißkopf-Seeadler	Haliaeetus leucocephalus	Bald Eagle
Kubabussard	Buteogallus gundlachii	Cuban Black Hawk
Breitflügelbussard	Buteo platypterus	Broad-winged Hawk
Präriebussard	Buteo swainsoni	Swainson's Hawk
Rotschwanzbussard	Buteo jamaicensis	Red-tailed Hawk

Rallidae

Gelbbrust-Sumpfhuhn	Hapalocrex flaviventer	Yellow-breasted Crake
Schieferralle	Laterallus jamaicensis	Black Rail
Königsralle	Rallus elegans	King Rail
Klapperralle	Rallus crepitans	Clapper Rail
Virginiaralle	Rallus limicola	Virginia Rail
Carolinasumpfhuhn	Porzana carolina	Sora
Kubaralle	Cyanolimnas cerverai	Zapata Rail
Fleckenralle	Pardirallus maculatus	Spotted Rail
Zwergsultanshuhn	Porphyrio martinicus	Purple Gallinule
Amerikateichhuhn	Gallinula galeata	Common Gallinule
Amerikanisches Blässhuhn	Fulica americana	American Coot

Aramidae

Rallenkranich	Aramus guarauna	Limpkin

Gruidae

Kanadakranich	Antigone canadensis	Sandhill Crane

Recurvirostridae

Schwarznacken-Stelzenläufer	Himantopus mexicanus	Black-necked Stilt
Braunhals-Säbelschnäbler	Recurvirostra americana	American Avocet

Haematopodidae

Braunmantel-Austernfischer	Haematopus palliatus	American Oystercatcher

Charadriidae

Kiebitzregenpfeifer	Pluvialis squatarola	Black-bellied Plover
Prärie-Goldregenpfeifer	Pluvialis dominica	American Golden-Plover
Amerika-Seeregenpfeifer	Charadrius nivosus	Snowy Plover
Wilsonregenpfeifer	Charadrius wilsonia	Wilson's Plover
Amerikanischer Sandregenpfeifer	Charadrius semipalmatus	Semipalmated Plover
Flötenregenpfeifer	Charadrius melodus	Piping Plover
Keilschwanz-Regenpfeifer	Charadrius vociferus	Killdeer

Jacanidae

Gelbstirn-Blatthühnchen	Jacana spinosa	Northern Jacana

Scolopacidae

Prärieläufer	Bartramia longicauda	Upland Sandpiper
Regenbrachvogel	Numenius phaeopus	Whimbrel
Rostbrachvogel	Numenius americanus	Long-billed Curlew
Hudsonschnepfe	Limosa haemastica	Hudsonian Godwit
Marmorschnepfe	Limosa fedoa	Marbled Godwit
Steinwälzer	Arenaria interpres	Ruddy Turnstone
Knutt	Calidris canutus	Red Knot
Bindenstrandläufer	Calidris himantopus	Stilt Sandpiper
Sanderling	Calidris alba	Sanderling
Alpenstrandläufer	Calidris alpina	Dunlin
Wiesenstrandläufer	Calidris minutilla	Least Sandpiper
Weißbürzel-Strandläufer	Calidris fuscicollis	White-rumped Sandpiper
Grasläufer	Calidris subruficollis	Buff-breasted Sandpiper
Graubrust-Strandläufer	Calidris melanotos	Pectoral Sandpiper
Sandstrandläufer	Calidris pusilla	Semipalmated Sandpiper
Bergstrandläufer	Calidris mauri	Western Sandpiper
Kleiner Schlammläufer	Limnodromus griseus	Short-billed Dowitcher
Großer Schlammläufer	Limnodromus scolopaceus	Long-billed Dowitcher
Wilsonbekassine	Gallinago delicata	Wilson's Snipe
Wilsonwassertreter	Phalaropus tricolor	Wilson's Phalarope
Odinshühnchen	Phalaropus lobatus	Red-necked Phalarope
Thorshühnchen	Phalaropus fulicarius	Red Phalarope
Drosseluferläufer	Actitis macularius	Spotted Sandpiper
Einsamer Wasserläufer	Tringa solitaria	Solitary Sandpiper
Großer Gelbschenkel	Tringa melanoleuca	Greater Yellowlegs
Schlammtreter	Tringa semipalmata	Willet
Kleiner Gelbschenkel	Tringa flavipes	Lesser Yellowlegs

Stercorariidae

Antarktikskua	Stercorarius maccormicki	South Polar Skua
Spatelraubmöwe	Stercorarius pomarinus	Pomarine Jaeger
Schmarotzerraubmöwe	Stercorarius parasiticus	Parasitic Jaeger
Falkenraubmöwe	Stercorarius longicaudus	Long-tailed Jaeger

Alcidae

Krabbentaucher	Alle alle	Dovekie

Laridae

Dreizehenmöwe	Rissa tridactyla	Black-legged Kittiwake
Schwalbenmöwe	Xema sabini	Sabine's Gull
Bonapartemöwe	Chroicocephalus philadelphia	Bonaparte's Gull
Lachmöwe	Chroicocephalus ridibundus	Black-headed Gull
Aztekenmöwe	Leucophaeus atricilla	Laughing Gull
Ringschnabelmöwe	Larus delawarensis	Ring-billed Gull
Silbermöwe	Larus argentatus	Herring Gull
Heringsmöwe	Larus fuscus	Lesser Black-backed Gull
Mantelmöwe	Larus marinus	Great Black-backed Gull
Noddi	Anous stolidus	Brown Noddy
Rußseeschwalbe	Onychoprion fuscatus	Sooty Tern
Zügelseeschwalbe	Onychoprion anaethetus	Bridled Tern
Antillen-Zwergseeschwalbe	Sternula antillarum	Least Tern
Großschnabel-Seeschwalbe	Phaetusa simplex	Large-billed Tern
Lachseeschwalbe	Gelochelidon nilotica	Gull-billed Tern
Raubseeschwalbe	Hydroprogne caspia	Caspian Tern
Trauerseeschwalbe	Chlidonias niger	Black Tern
Rosenseeschwalbe	Sterna dougallii	Roseate Tern
Flußseeschwalbe	Sterna hirundo	Common Tern
Küstenseeschwalbe	Sterna paradisaea	Arctic Tern
Forsterseeschwalbe	Sterna forsteri	Forster's Tern
Königsseeschwalbe	Thalasseus maximus	Royal Tern
Brandseeschwalbe	Thalasseus sandvicensis	Sandwich Tern
Amerikanischer Scherenschnabel	Rynchops niger	Black Skimmer

Columbidae

Felsentaube	Columba livia	Rock Pigeon
Antillentaube	Patagioenas squamosa	Scaly-naped Pigeon
Weißscheiteltaube	Patagioenas leucocephala	White-crowned Pigeon
Rosenschultertaube	Patagioenas inornata	Plain Pigeon
Wandertaube	Ectopistes migratorius	Passenger Pigeon

Türkentaube	Streptopelia decaocto	Eurasian Collared-Dove
Sperlingstäubchen	Columbina passerina	Common Ground-Dove
Kubataube	Starnoenas cyanocephala	Blue-headed Quail-Dove
Bergtaube	Geotrygon montana	Ruddy Quail-Dove
Graukopf-Gundlachtaube	Geotrygon caniceps	Gray-fronted Quail-Dove
Bahamataube	Geotrygon chrysia	Key West Quail-Dove
Weißflügeltaube	Zenaida asiatica	White-winged Dove
Liebestaube	Zenaida aurita	Zenaida Dove
Carolinataube	Zenaida macroura	Mourning Dove

Cuculidae

Glattschnabelani	Crotophaga ani	Smooth-billed Ani
Gelbschnabelkuckuck	Coccyzus americanus	Yellow-billed Cuckoo
Mangrovekuckuck	Coccyzus minor	Mangrove Cuckoo
Schwarzschnabelkuckuck	Coccyzus erythropthalmus	Black-billed Cuckoo
Eidechsenkuckuck	Coccyzus merlini	Great Lizard-Cuckoo

Tytonidae

| Schleiereule | Tyto alba | Barn Owl |

Strigidae

Kubaeule	Margarobyas lawrencii	Bare-legged Owl
Kubazwergkauz	Glaucidium siju	Cuban Pygmy-Owl
Kaninchenkauz	Athene cunicularia	Burrowing Owl
Waldohreule	Asio otus	Long-eared Owl
Styxeule	Asio stygius	Stygian Owl
Sumpfohreule	Asio flammeus	Short-eared Owl

Caprimulgidae

Falkennachtschwalbe	Chordeiles minor	Common Nighthawk
Antillennachtschwalbe	Chordeiles gundlachii	Antillean Nighthawk
Carolinanachtschwalbe	Antrostomus carolinensis	Chuck-will's-widow
Kubanachtschwalbe	Antrostomus cubanensis	Greater Antillean Nightjar
Schwarzkehl-Nachtschwalbe	Antrostomus vociferus	Eastern Whip-poor-will

Apodidae

Schwarzsegler	Cypseloides niger	Black Swift
Halsbandsegler	Streptoprocne zonaris	White-collared Swift
Schornsteinsegler	Chaetura pelagica	Chimney Swift
Kubasegler	Tachornis phoenicobia	Antillean Palm-Swift

Trochilidae

Rubinkehlkolibri	Archilochus colubris	Ruby-throated Hummingbird
Bienenelfe	Mellisuga helenae	Bee Hummingbird
Kubasmaragdkolibri	Chlorostilbon ricordii	Cuban Emerald

Trogonidae

Kubatrogon	Priotelus temnurus	Cuban Trogon

Todidae

Vielfarbentodi	Todus multicolor	Cuban Tody

Alcedinidae

Gürtelfischer	Megaceryle alcyon	Belted Kingfisher

Picidae

Bahamaspecht	Melanerpes superciliaris	West Indian Woodpecker
Gelbbauch-Saftlecker	Sphyrapicus varius	Yellow-bellied Sapsucker
Blutfleckspecht	Xiphidiopicus percussus	Cuban Green Woodpecker
Ostgoldspecht	Colaptes auratus	Northern Flicker
Kubaspecht	Colaptes fernandinae	Fernandina's Flicker
Elfenbeinspecht	Campephilus principalis	Ivory-billed Woodpecker

Falconidae

Nordkarakara	Caracara cheriway	Crested Caracara
Buntfalke	Falco sparverius	American Kestrel
Merlin	Falco columbarius	Merlin
Wanderfalke	Falco peregrinus	Peregrine Falcon

Psittacidae

Kubaamazone	Amazona leucocephala	Cuban Parrot
Dreifarbenara	Ara tricolor	Cuban Macaw
Kubasittich	Psittacara euops	Cuban Parakeet

Tyrannidae

Westlicher Waldschnäppertyrann	Contopus sordidulus	Western Wood-Pewee
Östlicher Waldschnäppertyrann	Contopus virens	Eastern Wood-Pewee
Kubaschnäppertyrann	Contopus caribaeus	Cuban Pewee
Birkenschnäppertyrann	Empidonax flaviventris	Yellow-bellied Flycatcher
Buchenschnäppertyrann	Empidonax virescens	Acadian Flycatcher
Weidenschnäppertyrann	Empidonax traillii	Willow Flycatcher

Zwergschnäppertyrann	Empidonax minimus	Least Flycatcher
Weißbauch-Phoebetyrann	Sayornis phoebe	Eastern Phoebe
Gelbbauch-Schopftyrann	Myiarchus crinitus	Great Crested Flycatcher
Kubaschopftyrann	Myiarchus sagrae	La Sagra's Flycatcher
Trauerkönigstyrann	Tyrannus melancholicus	Tropical Kingbird
Arkansaskönigstyrann	Tyrannus verticalis	Western Kingbird
Schieferrücken-Königstyrann	Tyrannus tyrannus	Eastern Kingbird
Grauer Königstyrann	Tyrannus dominicensis	Gray Kingbird
Olivgrauer Königstyrann	Tyrannus caudifasciatus	Loggerhead Kingbird
Riesenkönigstyrann	Tyrannus cubensis	Giant Kingbird
Scherenschwanz-Königstyrann	Tyrannus forficatus	Scissor-tailed Flycatcher
Gabelschwanz-Königstyrann	Tyrannus savana	Fork-tailed Flycatcher

Vireonidae

Weißaugenvireo	Vireo griseus	White-eyed Vireo
Dickschnabelvireo	Vireo crassirostris	Thick-billed Vireo
Gundlachvireo	Vireo gundlachii	Cuban Vireo
Gelbkehlvireo	Vireo flavifrons	Yellow-throated Vireo
Graukopfvireo	Vireo solitarius	Blue-headed Vireo
Schlichtvireo	Vireo philadelphicus	Philadelphia Vireo
Sängervireo	Vireo gilvus	Warbling Vireo
Rotaugenvireo	Vireo olivaceus	Red-eyed Vireo
Bartvireo	Vireo altiloquus	Black-whiskered Vireo

Corvidae

| Palmenkrähe | Corvus palmarum | Palm Crow |
| Kubakrähe | Corvus nasicus | Cuban Crow |

Hirundinidae

Graukehlschwalbe	Stelgidopteryx serripennis	Northern Rough-winged Swallow
Purpurschwalbe	Progne subis	Purple Martin
Kubaschwalbe	Progne cryptoleuca	Cuban Martin
Sumpfschwalbe	Tachycineta bicolor	Tree Swallow
Bahamaschwalbe	Tachycineta cyaneoviridis	Bahama Swallow
Uferschwalbe	Riparia riparia	Bank Swallow
Rauchschwalbe	Hirundo rustica	Barn Swallow
Fahlstirnschwalbe	Petrochelidon pyrrhonota	Cliff Swallow
Höhlenschwalbe	Petrochelidon fulva	Cave Swallow

Troglodytidae

| Kubazaunkönig | Ferminia cerverai | Zapata Wren |

Nördlicher Hauszaunkönig	Troglodytes aedon	House Wren
Sumpfzaunkönig	Cistothorus palustris	Marsh Wren

Polioptilidae

Blaumückenfänger	Polioptila caerulea	Blue-gray Gnatcatcher
Kubamückenfänger	Polioptila lembeyei	Cuban Gnatcatcher

Regulidae

Rubingoldhähnchen	Regulus calendula	Ruby-crowned Kinglet

Muscicapidae

Steinschmätzer	Oenanthe oenanthe	Northern Wheatear

Turdidae

Rotkehl-Hüttensänger	Sialia sialis	Eastern Bluebird
Kubaklarino	Myadestes elisabeth	Cuban Solitaire
Wilsondrossel	Catharus fuscescens	Veery
Grauwangendrossel	Catharus minimus	Gray-cheeked Thrush
Bicknelldrossel	Catharus bicknelli	Bicknell's Thrush
Zwergdrossel	Catharus ustulatus	Swainson's Thrush
Einsiedlerdrossel	Catharus guttatus	Hermit Thrush
Walddrossel	Hylocichla mustelina	Wood Thrush
Wanderdrossel	Turdus migratorius	American Robin
Rotfußdrossel	Turdus plumbeus	Red-legged Thrush

Mimidae

Katzenvogel	Dumetella carolinensis	Gray Catbird
Rote Spottdrossel	Toxostoma rufum	Brown Thrasher
Gundlachspottdrossel	Mimus gundlachii	Bahama Mockingbird
Spottdrossel	Mimus polyglottos	Northern Mockingbird

Sturnidae

Star	Sturnus vulgaris	European Starling

Motacillidae

Pazifikpieper	Anthus rubescens	American Pipit

Bombycillidae

Zedernseidenschwanz	Bombycilla cedrorum	Cedar Waxwing

Parulidae

Pieperwaldsänger	Seiurus aurocapilla	Ovenbird
Haldenwaldsänger	Helmitheros vermivorum	Worm-eating Warbler
Stelzenwaldsänger	Parkesia motacilla	Louisiana Waterthrush
Drosselwaldsänger	Parkesia noveboracensis	Northern Waterthrush
Gelbstirn-Waldsänger	Vermivora bachmanii	Bachman's Warbler
Goldflügel-Waldsänger	Vermivora chrysoptera	Golden-winged Warbler
Blauflügel-Waldsänger	Vermivora cyanoptera	Blue-winged Warbler
Kletterwaldsänger	Mniotilta varia	Black-and-white Warbler
Zitronenwaldsänger	Protonotaria citrea	Prothonotary Warbler
Swainsonwaldsänger	Limnothlypis swainsonii	Swainson's Warbler
Brauenwaldsänger	Oreothlypis peregrina	Tennessee Warbler
Orangefleck-Waldsänger	Oreothlypis celata	Orange-crowned Warbler
Rubinfleck-Waldsänger	Oreothlypis ruficapilla	Nashville Warbler
Virginiawaldsänger	Oreothlypis virginiae	Virginia's Warbler
Augenring-Waldsänger	Oporornis agilis	Connecticut Warbler
Graukopf-Waldsänger	Geothlypis philadelphia	Mourning Warbler
Kentuckywaldsänger	Geothlypis formosa	Kentucky Warbler
Weidengelbkehlchen	Geothlypis trichas	Common Yellowthroat
Kapuzenwaldsänger	Setophaga citrina	Hooded Warbler
Schnäpperwaldsänger	Setophaga ruticilla	American Redstart
Tigerwaldsänger	Setophaga tigrina	Cape May Warbler
Pappelwaldsänger	Setophaga cerulea	Cerulean Warbler
Meisenwaldsänger	Setophaga americana	Northern Parula
Magnolienwaldsänger	Setophaga magnolia	Magnolia Warbler
Braunbrust-Waldsänger	Setophaga castanea	Bay-breasted Warbler
Fichtenwaldsänger	Setophaga fusca	Blackburnian Warbler
Goldwaldsänger	Setophaga petechia	Yellow Warbler
Gelbscheitel-Waldsänger	Setophaga pensylvanica	Chestnut-sided Warbler
Streifenwaldsänger	Setophaga striata	Blackpoll Warbler
Blaurücken-Waldsänger	Setophaga caerulescens	Black-throated Blue Warbler
Palmenwaldsänger	Setophaga palmarum	Palm Warbler
Kubawaldsänger	Setophaga pityophila	Olive-capped Warbler
Kiefernwaldsänger	Setophaga pinus	Pine Warbler
Kronwaldsänger	Setophaga coronata	Yellow-rumped Warbler
Goldkehl-Waldsänger	Setophaga dominica	Yellow-throated Warbler
Rostscheitel-Waldsänger	Setophaga discolor	Prairie Warbler
Trauerwaldsänger	Setophaga nigrescens	Black-throated Gray Warbler
Townsendwaldsänger	Setophaga townsendi	Townsend's Warbler
Grünwaldsänger	Setophaga virens	Black-throated Green Warble
Kanadawaldsänger	Cardellina canadensis	Canada Warbler

önchswaldsänger	Cardellina pusilla	Wilson's Warbler
elbbrust-Waldsänger	Icteria virens	Yellow-breasted Chat
elbkopf-Waldsänger	Teretistris fernandinae	Yellow-headed Warbler
rnswaldsänger	Teretistris fornsi	Oriente Warbler

hraupidae

rkisnaschvogel	Cyanerpes cyaneus	Red-legged Honeycreeper
frangilbammer	Sicalis flaveola	Saffron Finch
ckervogel	Coereba flaveola	Bananaquit
bagimpelfink	Tiaris canorus	Cuban Grassquit
oldbrauen-Gimpelfink	Tiaris olivaceus	Yellow-faced Grassquit
maikagimpelfink	Tiaris bicolor	Black-faced Grassquit
hwarzgimpelfink	Melopyrrha nigra	Cuban Bullfinch
ıba-Streifenkopftangare	Spindalis zena	Western Spindalis

mberizidae

euschreckenammer	Ammodramus savannarum	Grasshopper Sparrow
hwirrammer	Spizella passerina	Chipping Sparrow
ıhlammer	Spizella pallida	Clay-colored Sparrow
ainammer	Chondestes grammacus	Lark Sparrow
achsammer	Zonotrichia leucophrys	White-crowned Sparrow
rasammer	Passerculus sandwichensis	Savannah Sparrow
ncolnammer	Melospiza lincolnii	Lincoln's Sparrow
apataammer	Torreornis inexpectata	Zapata Sparrow
rünschwanz-Grundammer	Pipilo chlorurus	Green-tailed Towhee

ardinalidae

ımmertangare	Piranga rubra	Summer Tanager
harlachtangare	Piranga olivacea	Scarlet Tanager
eferntangare	Piranga ludoviciana	Western Tanager
osenbrust-Kernknacker	Pheucticus ludovicianus	Rose-breasted Grosbeak
zurfink	Passerina caerulea	Blue Grosbeak
azulifink	Passerina amoena	Lazuli Bunting
digofink	Passerina cyanea	Indigo Bunting
apstfink	Passerina ciris	Painted Bunting
ickzissel	Spiza americana	Dickcissel

teridae

eisstärling	Dolichonyx oryzivorus	Bobolink
otschulterstärling	Agelaius assimilis	Red-shouldered Blackbird
raunschulterstärling	Agelaius humeralis	Tawny-shouldered Blackbird

Lerchenstärling	Sturnella magna	Eastern Meadowlark
Brillenstärling	Xanthocephalus xanthocephalus	Yellow-headed Blackbird
Kubastärling	Dives atroviolaceus	Cuban Blackbird
Antillengrackel	Quiscalus niger	Greater Antillean Grackle
Seidenkuhstärling	Molothrus bonariensis	Shiny Cowbird
Braunkopf-Kuhstärling	Molothrus ater	Brown-headed Cowbird
Kubatrupial	Icterus melanopsis	Cuban Oriole
Gartentrupial	Icterus spurius	Orchard Oriole
Maskentrupial	Icterus cucullatus	Hooded Oriole
Baltimoretrupial	Icterus galbula	Baltimore Oriole

Fringillidae

Goldzeisig	Spinus tristis	American Goldfinch

Passeridae

Haussperling	Passer domesticus	House Sparrow

Estrildidae

Muskatbronzemännchen	Lonchura punctulata	Scaly-breasted Munia
Schwarzbauchnonne	Lonchura malacca	Tricolored Munia
Schwarzkappennonne	Lonchura atricapilla	Chestnut Munia

Quellen:

https://avibase.bsc-eoc.org/checklist
Alle Vögel der Welt - Die komplette Checkliste aller Arten und Unterarten (ISBN-13: 978-3-7347-4407-5)
American Ornithologists' Union. 1998 and supplements. Check-list of North American birds. 7th edition. Washington, D.C.: AOU. http://checklist.aou.org/[Species records]
Cornell Lab of Ornithology. 2011-2016. eBird. http://www.ebird.org/ [Species records]
del Hoyo, Josep (ed.), Elliott, A (ed.), Sargatal, J (ed.) (vol. 1?7), and Christie, DA (ed.) (vol. 8?16). 1992?2013. Handbook of the Birds of the World. Lynx Edicions. http://www.hbw.com/ [Species records, Synonyms]
Dickinson, EC (Ed.), Remsen Jr., JV (Ed). 2013. The Howard and Moore Complete Checklist of the Birds of the World. Aves Press. [Species records]
Howard, Richard & Alick Moore (1991) A Complete Checklist of the Birds of the World. 360 p. [Species records]
http://www.birdingcuba.com/cubachecklist.htm [Distribution]
James F. Clements. 2000 and revisions. Birds of the World - A Checklist. 5th edition. Ibis Publishing Company, 2000. [Species records]
James F. Clements. 2006 and revisions. The Clements Checklist of Birds of the World. Cornell University Press.http://www.birds.cornell.edu/clementschecklist [Species records]
Llanes, A., González A., Sánchez B y Pérez E. 2002. Lista de las aves registradas para Cuba. En Aves de Cuba. Ed. Hiram Gonzalez Alonso. UPC Print, Vaasa, Finland. 147-155 [Distribution]
Peters, J. L. 1931-1987. Check-list of Birds of the World. 15 vols. + Index. Harvard Press. http://www.biodiversitylibrary.org/bibliography/14581 [Species records]
Raffaele, H., J. Wiley, O. Garrido, A. Keith, and J. Raffaele. 1998. A guide to the birds of the West Indies. Princeton University Press, New Jersey. [Distribution]
Ridgely, R. S., T. F. Allnutt, T. Brooks, D. K. McNicol, D. W. Mehlman, B. E. Young, and J. R. Zook. 2005. Digital Distribution Maps of the Birds of the Western Hemisphere, version 2.1. NatureServe, Arlington, Virginia, USA. http://www.natureserve.org/getData/birdMaps.jsp [Distribution]
Sibagu: Bird Names in Oriental Languages. http://sibagu.com/ [Synonyms]

Weitere Bücher aus der fotolulu-Taschenbuchserie

Birds of Costa Rica

Birds of Argentinien

Birds of Südafrika

Birds of Madagaskar

Birds of Kuba

Birds of Sri Lanka

Birds of Iceland

Birds of Seychellen

Birds of Deutschland

Birds of Florida & Bahamas

Diese Bücher sind erhältlich bei BoD (Books on Demand):
https://www.bod.de